Münsteraner Weihnachts-ABC ✶ Fotografien ✶ Weihnachtsgedichte ✶ Weihnachtsrezepte

Herausgegeben von Nikolaus Stiefel und Eva Maria Koch

Advent, Advent, ein Lichtlein brennt …

Bäume leuchtend, Bäume blendend,
Überall das Süße spendend,
In dem Glanze sich bewegend,
Alt und junges Herz erregend -
Solch ein Fest ist uns bescheret,
Mancher Gaben Schmuck verehret;
Staunend schau'n wir auf und nieder,
Hin und her und immer wieder.

Aber, Fürst, wenn Dir's begegnet
Und ein Abend so Dich segnet,
Dass als Lichter, dass als Flammen
Vor Dir glänzten allzusammen
Alles, was Du ausgerichtet,
Alle, die sich Dir verpflichtet:
Mit erhöhten Geistesblicken
Fühltest herrliches Entzücken.

Johann Wolfgang von Goethe

Spätestens, jetzt heißt es auch in Münster:
Die Vorweihnachtszeit hat begonnen und Heiligabend ist nicht mehr fern. Aber schon Ende Oktober haben sich ganz heimlich erste Vorboten des vorweihnachtlichen Lichterglanzes in die Stadt geschlichen. Achten Sie einmal auf die Männer mit langen Lichterketten auf Hubsteigern in den großen Bäumen im Stadtgebiet, z. B. in der Ludgeristraße oder auf dem Servatiiplatz. Sie bringen die ersten Lichter in die Baumkronen: Bereits einige Tage vor dem 1. Advent erstrahlen ca. 50 Bäume im Stadtgebiet in vollem Lichterglanz und verbreiten Wohlfühlstimmung.

Denn wenn die Tage kürzer werden, freuen wir uns über jedes warme Licht in der Dunkelheit. Auch Münsters gute Stube, der Prinzipalmarkt, und alle umliegenden Einkaufsstraßen leuchten wieder im Festtagsglanz.

Und wenn dann noch die Weihnachtsengel den Puderzucker aus der himmlischen Weihnachtsbäckerei ganz leise auf die Stadt rieseln lassen, ein Gemisch aus Schnee und Granulat unter den Schuhen knirscht und der Duft von gebrannten Mandeln und Zimtwaffeln in die Nase steigt, kommt das Weihnachtsfest immer näher. Die unverwechselbare Hochstimmung, die die Vorweihnachtszeit jedes Jahr mit sich bringt, macht sich jetzt breit.

Das kleine Münsteraner Weihnachts-ABC

Aasee

Wie alle Schneelandschaften hat auch der Aasee eine eigene Schönheit, alles sieht feierlich und festlich aus. Die vom Sommer so vertraute Landschaft ist durch Schnee und Eis in ein Wintermärchen verwandelt worden.

Ein Spaziergang über den zugefrorenen Aasee und seine verschneiten Ufer gehört einfach zu den Wohlfühlerlebnissen des Münsteraner Winters. Hier lässt sich die winterliche Weihnachtsstimmung besonders gut erleben.

Es ist schon erstaunlich, wer oder was mit welchem Fortbewegungsmittel oder einfach nur zu Fuß auf dem See anzutreffen ist.

Der See hat eine Haut bekommen,
So dass man fast drauf gehen kann,
Und kommt ein großer Fisch geschwommen,
So stößt er mit der Nase an.

Und nimmst du einen Kieselstein
Und wirfst ihn drauf, so macht es klirr
Und titscher - titscher - titscher - dirr . . .
Heißa, du lustiger Kieselstein!
Er zwitschert wie ein Vögelein
Und tut als wie ein Schwälblein fliegen –
Doch endlich bleibt mein Kieselstein
Ganz weit, ganz weit auf dem See draußen liegen.

Da kommen die Fische haufenweis
Und schau'n durch das klare Fenster von Eis
Und denken, der Stein wär etwas zum Essen;
Doch sosehr sie die Nase ans Eis auch pressen,
Das Eis ist zu dick, das Eis ist zu alt,
Sie machen sich nur die Nasen kalt.

Aber bald, aber bald werden wir selbst auf eignen Sohlen
Hinausgeh'n können und den Stein wiederholen.

Christian Morgenstern

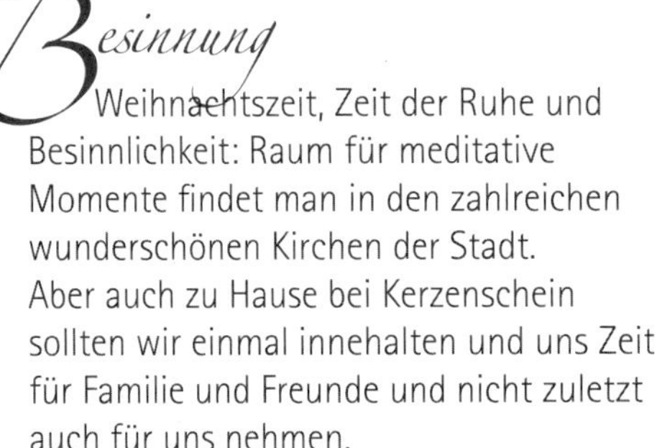

Besinnung

Weihnachtszeit, Zeit der Ruhe und Besinnlichkeit: Raum für meditative Momente findet man in den zahlreichen wunderschönen Kirchen der Stadt. Aber auch zu Hause bei Kerzenschein sollten wir einmal innehalten und uns Zeit für Familie und Freunde und nicht zuletzt auch für uns nehmen.

Christmette

Der Gottesdienst zur mitternächtlichen Stunde wird in Münsters Kirchen besonders feierlich begangen.

Droste-Hülshoff, Annette von

Westfalens bedeutendste Dichterin (1797-1848), die auch als Holzfigur in der Pyramide auf dem Aegidii-Weihnachtsmarkt zu bewundern ist, hat ein Gedicht zur Weihnachtszeit verfasst:

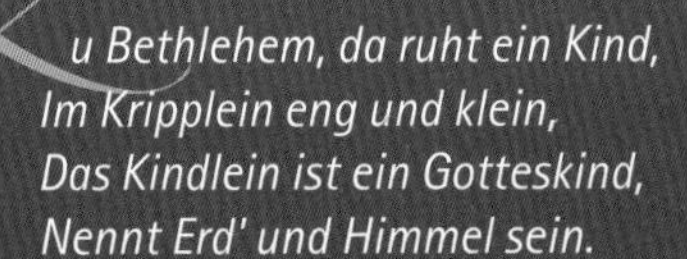

Zu Bethlehem, da ruht ein Kind,
Im Kripplein eng und klein,
Das Kindlein ist ein Gotteskind,
Nennt Erd' und Himmel sein.

Zu Bethlehem, da liegt im Stall,
Bei Ochs und Eselein,
Der Herr, der schuf das Weltenall,
Als Jesukindchen klein.

Von seinem gold'nen Thron herab
Bringt's Gnad und Herrlichkeit,
Bringt jedem eine gute Gab',
Die ihm das Herz erfreut.

Der bunte Baum, vom Licht erhellt,
Der freuet uns gar sehr,
Ach, wie so arm die weite Welt,
Wenn's Jesukind nicht wär'!

Das schenkt uns Licht und Lieb' und Lust
In froher, heil'ger Nacht.
Das hat, als es nichts mehr gewußt,
Sich selbst uns dargebracht.

Oh, wenn wir einst im Himmel sind,
Den lieben Englein nah,
Dann singen wir dem Jesukind
Das wahre Gloria.

Annette von Droste-Hülshoff

Engel

Sie wollen nicht erst am Heiligen Abend aus ihren Schachteln und Kartons mit dem Weihnachtsschmuck aus dem Keller oder vom Dachboden geholt werden. Die Himmelsboten sieht man jetzt überall in Münster, in allen Materialien, Formen und Farben, musizierend, singend oder einfach nur milde lächelnd.

Ein besonders niedliches Exemplar ist Wendelin, der kleine Weihnachtengel von St. Lamberti, die Hauptfigur in einem Münsteraner Kinderbuch.

Frieden

auf Erden für alle, das wünschen wir uns nicht nur in Münster am meisten. Als Symbol für den Frieden gilt auch der Glockenklang. Und der ist in Münster mit seinen zahlreichen Kirchen als Festtagsgeläut nicht zu überhören.

Sind die Kerzen angezündet
Und ist jedes Haus erhellt,
Weihnachtsfriede wird verkündet,
Geht hinaus in alle Welt.
Leuchte Licht in hellem Schein,
Überall soll Frieden sein.

Giebelhäuser

Zur Weihnachtszeit ziehen sie alle ihr Festtagskleid an: In den Bögen hängen Adventkränze mit dicken roten Leuchtkerzen und vor den Fenstern verleiht das warme Licht aus hunderten von Glühbirnen, die dort in Reih' und Glied aufgestellt sind, dem Ganzen eine besonders stimmungsvolle Atmosphäre.

HAUS MONHOF
DONNA
schnitzler

Stille Nacht, heilige Nacht!
Alles schläft, einsam wacht
Nur das traute, hochheilige Paar.
Holder Knabe im lockigen Haar,
Schlaf in himmlischer Ruh,
Schlaf in himmlischer Ruh.

Stille Nacht, heilige Nacht!
Gottes Sohn, o wie lacht
Lieb aus deinem göttlichen Mund,
Da uns schlägt die rettende Stund,
Christ, in deiner Geburt,
Christ, in deiner Geburt.

Stille Nacht, heilige Nacht!
Hirten erst kundgemacht,
Durch der Engel Halleluja.
Tönt es laut von fern und nah:
Christ, der Retter ist da,
Christ, der Retter ist da!

Joseph Mohr

Heiliger Abend

Mitten in Münster läuten die Glocken aller Kirchen. Es ist als ob der St. Paulus Dom, die St. Lamberti Kirche, die Überwasser-, die Martini- und die Apostelkirche um das schönste Glockengeläut wetteifern.

Nimm Dir Zeit, halte einen Moment inne und lausche!

Und wieder strahlen Weihnachtskerzen,
Und wieder loht der Flamme Schein,
Und Freude zieht in uns're Herzen
Zu dieser heil'gen Weihnacht ein.
Und frohe Weihnachtslieder klingen
In unsern Landen weit und breit,
O welch ein Jubel, welch ein Singen,
O wundervolle Weihnachtszeit.

Verfasser unbekannt

Innenstadt

Münsters malerische Innenstadt spiegelt wie in jedem Jahr den Zauber des Weihnachtsfestes wider. Mit ihren gemütlichen Lichtern der angestrahlten Kirchen und den liebevoll geschmückten Fenstern und Auslagen in den Geschäften lädt sie zum Bummeln ein. Die typische Münsteraner Weihnachtsromantik macht sich auf allen Wegen und Plätzen breit. Hier wird es nicht nur den Münsteranern sondern auch den Besuchern der Stadt ganz warm ums Herz.

Rostbratwurst 2,00 €

Die Nacht vor dem heiligen Abend
Da liegen die Kinder im Traum.
Sie träumen von schönen Sachen
Und von dem Weihnachtsbaum.

Und während sie schlafen und träumen
Wird es am Himmel klar –
Und durch den Himmel fliegen
Zwei Englein – wunderbar.

Sie tragen ein holdes Kindlein,
Das ist der kleine Christ,
Das ist so fromm und freundlich,
wie keins auf Erden ist.

Und wie es durch den Himmel
Still über die Häuser fliegt,
Schaut es in jedes Bettchen
Wo nur ein Kindlein liegt.

Und freut sich über alle,
Die fromm und artig sind.
Denn solche liebt von Herzen
Das gute Himmelskind.

Heut' schlafen noch die Kinder
Und seh'n es nur im Traum,
Doch morgen tanzen und springen
Sie um den Weihnachtsbaum.

Robert Reinick

Jauchzen

Vor Freude, wenn man ein Geschenk für jemanden gefunden hat. Auf den Münsteraner Weihnachtsmärkten kosten die Geschenke nicht die Welt, für den Beschenkten können sie aber vielleicht die Welt sein.

Kiepenkerl-Weihnachtsmarkt

Es funkelt, es leuchtet, es duftet. Die liebevoll dekorierten kleinen Weihnachtsmarktstände und der große Lichterbaum laden am Spiekerhof die Besucher ein. Die festlich geschmückten Häuser, die den Weihnachtsmarkt einrahmen, geben ihm eine wundervolle gemütliche Atmosphäre.

Glühwein

Lichtermarkt St. Lamberti

Vor historischer Kulisse auf dem Platz vor der St. Lamberti Kirche stehen zur Vorweihnachtszeit wieder die kleinen blauen Spitzdachhäuschen und der riesengroße Weihnachtsbaum. Das kleine Weihnachtsdorf, das hier entstanden ist, verströmt einen Duft von weihnachtlichen Leckereien. Hier hat man Weihnachten nicht nur in den Tüten und im Herzen sondern auch in der Nase – und wenn wir jetzt noch gebrannte Mandeln kaufen – auch auf der Zunge.

Münster

Pudelmützen, Dufflecoats und Anoraks, Lodenmäntel, Kaschmirschals und Pelzmützen – jugendlich-frischer Stilmix und hochelegante Kleidung – auch zur Weihnachtszeit merkt man wieder, dass die Mischung aus Studenten und Bürgertum die Stadt jung hält. Aber eines haben alle gemeinsam, wenn sie zur kalten Jahreszeit durch das weihnachtliche Münster flanieren: rote Nasen und glänzende Augen.

Nussknacker

Der lange Kerl schmückt in Münster wie in jedem Jahr wieder die Auslagen der Schaufenster und der Weihnachtmarktstände. Er ist nicht nur schön sondern auch praktisch, und schließlich wurde ihm auch ein eigenes Gedicht gewidmet.

Nussknacker, du machst ein grimmig Gesicht –
Ich aber, ich fürchte vor dir mich nicht;
Ich weiß, du meinst es gut mit mir.
Drum bring' ich meine Nüsse dir.

Ich weiß, du bist ein Meister im Knacken:
Du kannst mit deinen dicken Backen
Gar hübsch die harten Nüsse packen
Und weißt sie vortrefflich aufzuknacken.

Nussknacker, drum bitt' ich, bitt' ich dich,
Hast bessere Zähn' als ich, Zähn' als ich,
O knacke nur, knacke nur immerzu!
Ich will dir zu Ehren
Die Kerne verzehren.

O knacke nur, knack knack knack! Immerzu!
Ei, welch ein braver Kerl bist du!

Heinrich Hoffmann von Fallersleben

Weihnacht!
Wie am Baum die Lichter prangen –
Schöner war das Christfest nie!
Heiß erglüh'n der Kinder Wangen,
Und ihr Mund singt unbewusst
Mitten in der Weihnachtslust
Eine süße Melodie,
Wie sie schon der Ahn gesungen,
Als er selbst im Lockenhaar
Um den Lichterbaum gesprungen.
Leise schwindet Jahr für Jahr . . .
Schaukelpferd und Hampelmann
Wandelt die Zerstörung an,
Und das Bilderbuch, das heute
Euer Kinderherz erfreute,
Wird dereinst zerrissen sein.
Aus der Schar der kleinen Leute
Werden Männer, werden Frauen,
Die ihr eignes Nestchen bauen.
Gestern wird, was heute war,
Aber bleiben immerdar
Wird der Christnacht heller Schein,
Wird der Klang der Weihnachtsglocken,
Kinderjubel und Frohlocken!

Anna Ritter

Orgelmusik

Gehört zur Weihnachtszeit wie Tannenduft und Lichterglanz. Und wenn auf der mächtigen Orgel in der St. Lamberti Kirche wieder „Adeste fideles" gespielt wird, . . . Wundervoll! Ach, könnte man es doch in der ganzen Stadt hören.

Promenade

Der grüne Ring um die Münsteraner Altstadt ist in der Vorweihnachtszeit zwar immer noch Fahrradautobahn mit Gehweg für Fußgänger und Jogger, aber die Linden haben schon längst keine Blätter mehr.

Gestern war dort nur ein dichtes Dach aus kahlen Ästen und Zweigen, aber da es die ganze Nacht über dicke Flocken geschneit hat, hat sie sich in ein wunderschönes Winterparadies verwandelt.

Quempas-Singen

Traditionell findet jedes Jahr im Dezember das Quempas-Singen des Philharmonischen Chors Münster in der Petrikirche statt. Der Begriff leitet sich ab vom Liedanfang „Quem pastores laudavere" (*Den die Hirten lobeten sehre*). Seit 30 Jahren wird damit ein Brauch aus dem 16./17. Jahrhundert aufgegriffen, bei dem das von Kindern in den dunklen Kirchenraum getragene Kerzenlicht das Licht der Frohen Botschaft von Bethlehem symbolisiert. Dabei verdeutlicht der umlaufende Gesang mit den an vier Stellen im Raum verteilten Kinderchorgruppen, wie diese Botschaft zu den „vier Enden der Erde" gelangt.

Den die Hirten lobeten sehre
Und die Engel noch viel mehre,
Fürchtet euch nun nimmermehre,
Euch ist gebor'n ein König der Ehr'n.
Heut sein die lieben Engelein
In hellem Schein
Erschienen bei der Nachte
Den Hirten, die ihr' Schäfelein
Bei Mondenschein
Im weiten Feld bewachten:
"Große Freud und gute Mär
Woll'n wir euch offenbaren,
Die euch und aller Welt soll widerfahren."
Gottes Sohn ist Mensch gebor'n, ist Mensch gebor'n,
Hat versöhnt des Vaters Zorn, des Vaters Zorn.

. . . .

Matthäus Ludecus/Nikolaus Herman/
Johannes Keuchenthal

Rathaus

Auf das historische Rathaus mitten in der Stadt sind die Münsteraner besonders stolz. Das charakteristische Bogenhaus mit seinem hohen Giebel sucht schließlich auch seinesgleichen in Deutschland. Auch wenn es so schon prachtvoll aussieht, wird der Anblick noch getoppt, wenn in der Vorweihnachtszeit die Adventkränze mit den roten Kerzen wieder in den Bögen hängen und der erste Schnee das ganze Gebäude eingezuckert hat.
Die Engel ganz oben auf den Spitzen der Fialen sind dann kaum noch zu erkennen.

Wenn jetzt die Schneekönigin käme und sagen würde, dass dies ihr Schloss sei, würden wir es ihr glauben. Und wenn dann noch am Wochenende weihnachtliche Melodien von Blechbläsern auf dem Sentenzbogen des Stadtweinhauses gespielt werden, wissen wir wieder, warum Münster zu den lebenswertesten Städten der Welt zählt.

Giebelhüüskesmarkt
flick

Spekulatius

Schon lange vor der Weihnachtszeit kann man es wieder überall kaufen, das mit Motiven versehene Mürbeteiggebäck mit dem besonderen Aroma. Davon können wir in der Weihnachtszeit nie genug bekommen. Knusprig und lecker gibt es in Münster auch das Rathaus und den St. Paulus Dom als süße (Spekulatius-)Verführung.

Theater

Ein himmlisches Vergnügen und ein Muss zu Weihnachten in Münster und Umgebung ist das Kultstück und schräge Krippenspiel „Der Messias", das gewürzt mit einer Portion britischem Humor seit 12 Jahren im Theater im Pumpenhaus mit großem Erfolg aufgeführt wird.

Überwasserkirche

Zu ihren Füßen findet der Giebelhüüskesmarkt, der jüngste der fünf Weihnachtsmärkte in Münsters Innenstadt, statt. Gut beschützt vom mächtigen Turm der Überwasserkirche lädt er die Besucher nicht nur mit delikaten Wintergenüssen wie Glühwein, Punsch, Zimtwaffeln und Maronen ein sondern auch mit den vielen kleinen zauberhaften oft handgefertigten Dingen, von denen der zu Beschenkende noch gar nicht weiß, dass er sie braucht.

Vieles

Ist jetzt ruhig und beschaulich. Machen Sie es sich gemütlich und schön. Genießen Sie die langen Abende bei Kerzenlicht und kuscheliger Wärme. Naschen Sie von den ersten selbstgebackenen Plätzchen, lesen Sie ein gutes Buch vor dem Kamin oder genießen Sie am Adventssonntag einen Advents-Espresso mit ihren Freunden.

Oder wenn es draußen stürmt und schneit, probieren Sie doch einmal einen Honig-Grog.

Advents-Espresso mit Kaffeelikör

ZUTATEN

1 Schuss Kokosmilch
1 Schuss Kaffeelikör
1 Espresso
1 TL Zucker
einen Hauch Zimtpulver
2 TL geschlagene Sahne
1 TL Schokoladensplitter

ZUBEREITUNG

Kokosmilch zusammen mit dem Kaffeelikör erhitzen. Espresso und Zucker unterrühren. Alles in eine Cappuccino-Tasse füllen, geschlagene Sahne und Schokoladensplitter obendrauf – und einfach nur genießen.

Honig-Grog

ZUTATEN

1 l Wasser
6 TL grüner Tee
4 TL weißer Rum
8 TL Honig

ZUBEREITUNG

Wasser aufkochen und kurz abkühlen lassen. Den grünen Tee überbrühen und 3 Min. ziehen lassen. Weißen Rum und Honig zum Tee geben und in 4 Grog-Gläser füllen.

Weihnachten bei Kerzenschein,
Die Kindheit fällt uns wieder ein.
Ein Weihnachtsbaum mit roten Kerzen
lässt Frieden strömen in unsere Herzen.
Des Jahres Hektik langsam schwindet,
die Ruhe endlich Einkehr findet.
Nichts kann jetzt schöner sein
Als unser Baum mit Kerzenschein.
Verfasser unbekannt

Weihnachtsbaum

Alle Jahre wieder kommen die Nadelbäume mit so schönen Namen wie Nordmanntanne, Blaufichte oder Nobilis nicht nur aus der Region sondern auch aus dem Sauerland, Schleswig-Holstein und Dänemark nach Münster. Sie haben jetzt ihren Gala-Auftritt. Am Heiligabend ist der festlich geschmückte Baum nicht nur ein Erlebnis für die Kleinen. Kugeln, Zapfen, Nüsse, süße Verführungen, gold, silber oder rot und grün – egal wie groß der Baum ist, Hauptsache er ist besonders schön geschmückt.

Mittlerweile halten auch Hunde, Schneemänner, Loks, Häuschen mit schneebedeckten Dächern und ganz skurrile Weihnachtsbaumanhänger Einzug ins stachelige Grün.

Und wenn er dann in seiner ganzen Pracht dasteht und leuchtet, kehren sie wieder zurück, die Erinnerungen an die eigene Kindheit: das Staunen leuchtender Kinderaugen, die wohlige Geborgenheit und all die Glücksmomente beim Auspacken der Geschenke, der Duft nach Tannengrün, Plätzchen oder Bratäpfeln und das Wunder der Funken sprühenden Wunderkerzen.

iebeläutend zieht durch Kerzenhelle,
Mild, wie Wälderduft, die Weihnachtszeit,
Und ein schlichtes Glück streut auf die Schwell
Schöne Blumen der Vergangenheit.
Hand schmiegt sich an Hand im engen Kreise,
Und das alte Lied von Gott und Christ
Bebt durch Seelen und verkündet leise,
Dass die kleinste Welt die größte ist.
Joachim Ringelnatz

X-mas

Noel, Navidad, Christmas oder Weihnachten – auf der ganzen Welt ist es das Fest der Liebe.

Yoruba

Wird in Nigeria gesprochen. Auch Studenten aus diesem Land feiern das Weihnachtsfest in Münster. „Frohe Weihnachten" heißt in ihrer Sprache „eku odum keresimesi".

Zoo

Auch Heiligabend können die Tiere im Münsteraner Allwetterzoo besucht werden. Ist nicht auch eine Familien-Jahreskarte ein schönes Weihnachtsgeschenk?

Weihnachtsduft in jedem Raum

Orangen und Gewürze wie Nelken, Sternanis und insbesondere Zimt sind ein weihnachtlicher Genuss für die Sinne.

Aber unübertroffen ist der Duft aus der Weihnachtsbäckerei. Die Plätzchen, egal wie zubereitet, erfüllen das Zuhause mit ihren leckeren Düften.

Wenn Sie beginnen Plätzchen zu backen, sind fleißige Helfer bestimmt schnell zur Hand. Backen mit Kindern macht ja auch doppelt so viel Freude.

Marzipan-Leckerlis

ZUTATEN für 35 Stck.

100 g weiche Butter
50 g Puderzucker
25 g Marzipan
1 Pck. Vanillezucker
abgeriebene Schale 1/2 unbeh. Zitrone
1 Eigelb
150 g Hagelzucker

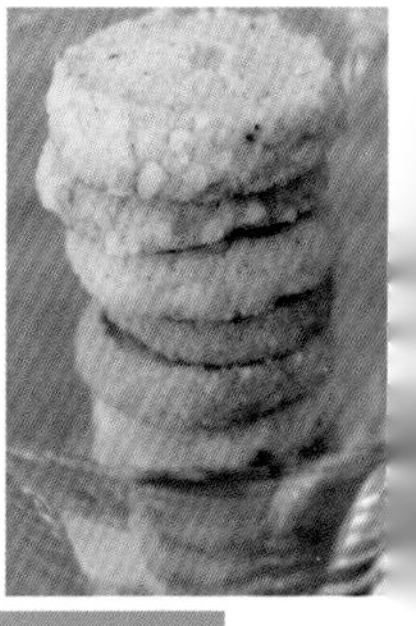

ZUBEREITUNG

Alle Zutaten bis auf Eigelb und Hagelzucker cremig rühren. Mehl unterkneten. Daraus eine Rolle von 4-5 cm Ø formen und 5 Std. kalt stellen. Teigrolle mit verquirltem Eigelb bestreichen, im Hagelzucker wälzen und in 1/2 cm dicke Scheiben schneiden. Auf einem mit Backpapier ausgelegten Backblech bei 175°C 10-15 Min. backen.

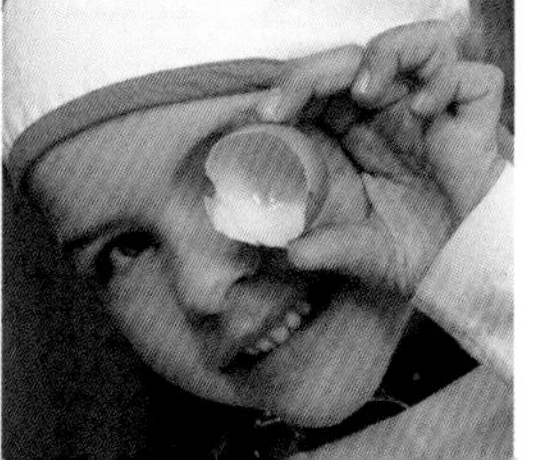

Zimtplätzchen

ZUTATEN für ca. 40–50 Stck.

350 g Mehl
100 g Puderzucker
1 TL Backpulver
1 Päckchen Vanillezucker
1 TL Zimt
1 Prise Salz
3 Eigelb
250 g weiche Butter
300 g gemahlenen Mandeln
1 EL Milch
1 EL Honig
Zimt und Zucker zum Bestreuen

ZUBEREITUNG

Mehl, Puderzucker, Backpulver, Vanillezucker, Zimt, Salz, 2 Eigelb, Butter und gemahlene Mandeln zu einem glatten Teig verarbeiten und 3 mm dick ausrollen. Mit unterschiedlichen Weihnachtsmotiven Plätzchen ausstechen, auf ein mit Backpapier ausgelegtes Backblech legen.
1 Eigelb mit Milch und Honig verrühren, die Plätzchen damit bestreichen und mit einer Zimt-Zuckermischung (Verhältnis je nach Geschmack) bestreuen. Im vorgeheizten Backofen bei 180°C 12 Min. backen.

Dattel-Pralinen

ZUTATEN für ca. 75 Stck.

250 g Datteln
200 g Marzipan-Rohmasse
ca. 1/2 Paket Puderzucker
1 Schuss Kirschwasser
200 g dunkle oder weiße Kuvertüre (je nach Geschmack)

ZUBEREITUNG

Datteln entkernen. Marzipan, Puderzucker und Kirschwasser zu einem Teig verkneten und daraus etwa kleinfingerdicke Rollen formen. Jeweils kleine Stücke davon in die Datteln füllen und jede Dattel zu 2/3 in die geschmolzene Kuvertüre tunken.

Auf einem Kuchengitter trocknen lassen und aufpassen, dass die Hälfte nicht schon am selben Tag auf seltsame Weise verschwindet.

Es war einmal in Bethlehem...

Die Geschichte von der Heiligen Nacht wird auch in Münster in ganz besonderer Weise gefeiert und gewürdigt. Die Krippe in den eigenen vier Wänden, sei sie aus Holz oder aus Ton, bemalt oder natur, gehört einfach zu einer stimmungsvollen Weihnacht dazu.

Lohnenswert und auch dazugehörend ist ein Besuch einer der traditionsreichen Krippen der Stadt oder des Umlandes. Und hier hat Münster etwas ganz Besonderes zu bieten. Wunderschön und beeindruckend groß steht im Clemenshospital eine der ältesten Krippen der Stadt. Ihre Anfänge gehen in die Mitte des 19. Jahrhunderts zurück. Schauen Sie einmal genau hin! Bei dieser liebevoll gestalteten Krippe lohnt es sich. Es gibt viel zu entdecken.

Nicht nur die lebenden Goldfische im Mühlteich und die funktionsfähige Bockwindmühle, auch das Firmament über dem Panorama von Münster mit 400 kleinen Leuchten als Sternenhimmel und die Figur des bei den Münsteranern sehr beliebten Altbischofs Lettmann seitlich an der Krippe stehend, zeigen wie lebendig die Krippe ist und wie viele Geschichten sie gerade im Zusammenhang mit unserer wunderschönen Stadt erzählt.

Unser Münster-Weihnachtsmenü

HIMMLISCH LECKER &
TEUFLISCH SCHNELL

... unter diesem Motto steht das Weihnachtsmenü (4 Personen), das wir Ihnen empfehlen. Schließlich sollen Köchin oder Koch ja auch etwas vom Fest haben. Hier würden auch die kleinen Weihnachtsengel, wenn sie denn könnten, statt zu singen, lieber kräftig zulangen.

Als Kandidatin für den Hauptgang empfiehlt sich natürlich die Gans, allerdings nicht ganz sondern wegen der einfacheren und schnelleren Zubereitung nur das Beste von ihr: die Gänsebrust.

Gänsebrust im Römertopf

Sie zergeht auf der Zunge, wenn sie aus ihrem Topfverlies wieder in die Freiheit und damit auf den Teller kommt. Mit der sämigen Sauce wird sie zu einem perfekten Geschmackserlebnis.

ZUTATEN

1 Gänsebrust (ca. 1 kg) – 12 Backpflaumen – 1 säuerlicher Apfel in Spalten – 1-2 Tassen Gemüsebrühe – Salz, Pfeffer

ZUBEREITUNG

Den Römertopf 15 Min. wässern, die Gänsebrust mit Salz und Pfeffer kräftig würzen, in den Römertopf legen und mit Gemüsebrühe aufgießen. Den geschlossenen Römertopf in den kalten Backofen stellen und die Gänsebrust bei 220°C ca. 45 Min. braten. Danach die Pflaumen und Apfelspalten um die Gänsebrust legen und weitere 20 Min. im geschlossenen Römertopf garen. Dann den Deckel abnehmen und zum Bräunen noch einmal 10 Min. im Backofen weitergaren.

Den Bratenfond mit Pflaumen und Äpfel in einen separaten Topf gießen, das Fett abschöpfen und den Fond mit dem Mixstab pürieren und je nach Konsistenz evtl. noch mit Gemüsebrühe verdünnen.

Steinpilzsuppe

Mit seinem markanten Eigengeschmack ist er eine Delikatesse unter den Wildpilzen. Da aber heute die Gans die Hauptrolle im Menü spielt, wollte er wenigstens vor ihr auf die festliche Tafel und ist in die Suppe gehüpft.

ZUTATEN

30 g getrocknete Steinpilze – 30 g Butter – 30 g Mehl
1 kleine feingehackte Zwiebel – 3/4 l Gemüsebrühe – 1/4 l Sahne
Salz, Pfeffer – 2 Stängel glatte Petersilie

ZUBEREITUNG

Steinpilze einweichen. Zwiebelwürfel in der ausgelassenen Butter anschwitzen, mit Mehl bestäuben und mit 1 l Flüssigkeit (Gemüsebrühe aufgefüllt mit dem Einweichwasser der getrockneten Steinpilze) ablöschen. Kleingeschnittene Steinpilze zugeben und ca. 15 Min. köcheln lassen.

Sahne zugeben und alles einmal aufkochen, mit dem Pürierstab passieren und mit Salz und Pfeffer abschmecken.

Suppe auf vorgewärmten Tellern verteilen und mit Petersilienblättchen bestreuen.

Mandel-Serviettenknödel

Da es um ein Festessen geht, hat sich auch der Knödel in Schale – sprich: in die Serviette – geworfen. Und um besonders köstlich zu schmecken, hat er sich mit der Rauchmandel zusammengetan.

ZUTATEN

120 g geröstetes Toastbrot – 100 g kleingehackte Rauchmandeln
1 feingehackte Zwiebel – 20 g Butter – 2 Eier – 300 ml Milch
Salz – 1/2 Bd. glatte Petersilie

ZUBEREITUNG

Toastbrot in kleine Würfel schneiden. Zwiebelwürfel in der Butter glasig dünsten. Eier, Milch und Salz mit einem Schneebesen verschlagen. Toastbrot-, Zwiebelwürfel, Mandelstücke und feingehackte Petersilie unter die Eiermischung rühren. Den Teig ca. 1 Std. quellen lassen. Je 1 Stück Frischhaltefolie auf 4 Bogen Alufolie (jeweils DIN A4-Größe) legen. Jeweils 1/4 des Brotteigs auf jeden Bogen geben, je eine Rolle mit 2 1/2 cm Ø daraus formen und straff in die Folien einwickeln. Die Folienenden fest zusammen drehen. Rollen in reichlich siedendem Salzwasser bei mittlerer Hitze ca. 25 Min. gar ziehen lassen. Rausnehmen, auswickeln, 2 Min. ruhen lassen. Knödel schräg in Scheiben schneiden und auf den Tellern anrichten.

Birnen-Rotkohl

Der Rotkohl wollte zu Weihnachten nicht allein in den Topf und kommt mit den sich geschmacklich als Volltreffer erweisenden Begleitern Birne, Zimt und Vanillemark.

ZUTATEN

400 g TK-Rotkohl – 50 ml Birnensaft – 1 kleine feste Birne
20 g Butter – 1/2 Vanilleschote – 1 Msp. gemahlener Zimt

ZUBEREITUNG

Aufgetauten Rotkohl nach Packungsanweisung zusammen mit dem Birnensaft garen. Birne schälen, vierteln, das Kerngehäuse entfernen und in kleine Würfel schneiden.

Butter in einem Topf erhitzen und Birnenwürfel darin glasig rühren.

Zimt und Mark der Vanilleschote zu den Birnen geben. Alles zusammen zum Rotkohl geben und bei kleiner Hitze 2-3 Min. dünsten.

Spekulatius-Tiramisu

Insbesondere beim Weihnachtsdessert gilt:
Süß macht selig.

ZUTATEN

200 g tiefgekühlte gemischte Beeren (aufgetaut)
200 ml steif geschlagene Sahne – 250 g Mascarpone
250 g Quark – 100 g Zucker – 1 Päckchen Vanillezucker
16-20 Gewürz-Spekulatius – Puderzucker und Zimt z. Bestreuen

ZUBEREITUNG

Mascarpone, Quark, Zucker und Vanillezucker verrühren und die Sahne unter die Masse heben. Die Hälfte der Crème in eine eckige Auflaufform streichen und mit Spekulatius bedecken. Die Beeren darauf verteilen und mit der restlichen Crème bedecken. Darüber die restlichen Spekulatius legen.

Das Ganze 4-5 Std. in den Kühlschrank stellen und vor dem Servieren je nach Geschmack mit Puderzucker und Zimt bestreuen.

...nach diesem Festmenü machen wir am nächsten Tag einen ausgedehnten Spaziergang über den Aasee.

Bildnachweis:

Titelfoto, Münster-, Food- und Weihnachts-Fotografien: © 2012 Eva Maria Koch, Münster
Kinderfotos: © 2012 münstermitte medienverlag GmbH & Co. KG, Uwe Krüger, Münster
Zoo-Fotos: © 2012 Allwetterzoo Münster

Eva Maria Koch
Geboren 1953
Begeisterte Fotografin
Lebt seit 40 Jahren in Münster

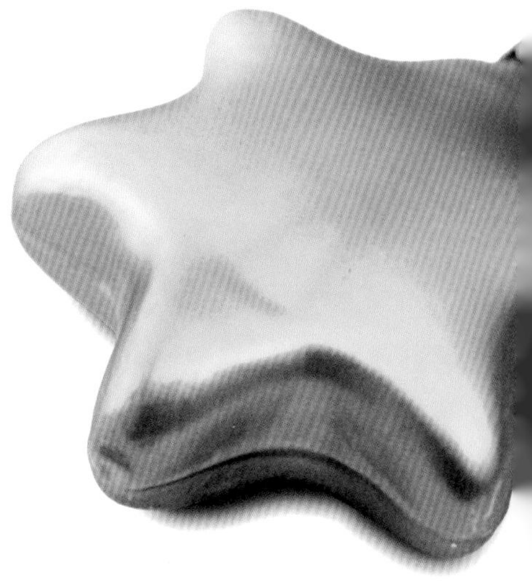

Bibliografische Information der Deutschen Nationalblibliothek:
Die Deutsche Nationalbibliothek verzeichnet diese Publikation
in der Deutschen Nationalbibliografie; detaillierte bibliografische
Daten sind im Internet unter http://dnb.d-nb.de abrufbar.

www.muenstermitte-medienverlag.de

Druck: Buschmann Druckerei GmbH & Co. KG, Münster
Layout und grafische Gestaltung: Susanne Leisner, Buschmann Druckerei GmbH & Co. KG
ISBN: 978-3-943557-03-9